★★★ **THIS BOOK BELONGS TO** ★★★

....

....

DESTINATION

DATE

PLACES TO VISIT

TO DO

- [ ]
- [ ]
- [ ]
- [ ]
- [ ]
- [ ]
- [ ]

TRANSPORTATION

DEPARTURE	ARRIVAL

DEPARTURE	ARRIVAL

DEPARTURE	ARRIVAL

MONEY SPEND

ACCOMMODATION

NAME

BOOKING

ADDRESS

TEL. _____ ROOM _____

NOTES

DESTINATION

DATE

PLACES TO VISIT

_____

_____

_____

_____

_____

_____

_____

TO DO

☐ _____

☐ _____

☐ _____

☐ _____

☐ _____

☐ _____

☐ _____

TRANSPORTATION

DEPARTURE	ARRIVAL

DEPARTURE	ARRIVAL

DEPARTURE	ARRIVAL

ACCOMMODATION

NAME _____

BOOKING _____

ADDRESS _____

_____

TEL. _____ ROOM _____

NOTES

_____

_____

_____

_____

_____

_____

_____

_____

_____

MONEY SPEND

DESTINATION

DATE

PLACES TO VISIT

_____
_____
_____
_____
_____
_____
_____

TO DO

☐ _____
☐ _____
☐ _____
☐ _____
☐ _____
☐ _____
☐ _____

TRANSPORTATION

DEPARTURE	ARRIVAL

DEPARTURE	ARRIVAL

DEPARTURE	ARRIVAL

ACCOMMODATION

NAME _____

BOOKING _____

ADDRESS _____

_____

TEL. _____ ROOM _____

MONEY SPEND

NOTES

_____
_____
_____
_____
_____
_____
_____
_____
_____
_____

DESTINATION

DATE

PLACES TO VISIT

_____

_____

_____

_____

_____

_____

TO DO

- [ ] _____
- [ ] _____
- [ ] _____
- [ ] _____
- [ ] _____
- [ ] _____
- [ ] _____

TRANSPORTATION

DEPARTURE	ARRIVAL

DEPARTURE	ARRIVAL

DEPARTURE	ARRIVAL

MONEY SPEND

ACCOMMODATION

NAME _____

BOOKING _____

ADDRESS _____

_____

TEL. _____ ROOM _____

NOTES

_____

_____

_____

_____

_____

_____

_____

_____

_____

DESTINATION

DATE

PLACES TO VISIT

TO DO

- [ ]
- [ ]
- [ ]
- [ ]
- [ ]
- [ ]
- [ ]

TRANSPORTATION

DEPARTURE	ARRIVAL

DEPARTURE	ARRIVAL

DEPARTURE	ARRIVAL

ACCOMMODATION

NAME

BOOKING

ADDRESS

TEL. ROOM

NOTES

MONEY SPEND

| DESTINATION | DATE |

PLACES TO VISIT

_____

_____

_____

_____

_____

_____

TO DO

☐ _____

☐ _____

☐ _____

☐ _____

☐ _____

☐ _____

☐ _____

TRANSPORTATION

| DEPARTURE | ARRIVAL |

ACCOMMODATION

NAME _____

BOOKING _____

ADDRESS _____

_____

TEL. _____ ROOM _____

| DEPARTURE | ARRIVAL |

| DEPARTURE | ARRIVAL |

NOTES

MONEY SPEND

DESTINATION

DATE

PLACES TO VISIT

TO DO

- [ ]
- [ ]
- [ ]
- [ ]
- [ ]
- [ ]
- [ ]

TRANSPORTATION

DEPARTURE	ARRIVAL

DEPARTURE	ARRIVAL

DEPARTURE	ARRIVAL

ACCOMMODATION

NAME

BOOKING

ADDRESS

TEL. ROOM

NOTES

MONEY SPEND

DESTINATION		DATE

PLACES TO VISIT

_____

_____

_____

_____

_____

_____

_____

TO DO

☐ _____

☐ _____

☐ _____

☐ _____

☐ _____

☐ _____

☐ _____

TRANSPORTATION

DEPARTURE	ARRIVAL

DEPARTURE	ARRIVAL

DEPARTURE	ARRIVAL

ACCOMMODATION

NAME _____

BOOKING _____

ADDRESS _____

_____

TEL. _____ ROOM _____

NOTES

_____

_____

_____

_____

_____

_____

_____

_____

_____

MONEY SPEND

DESTINATION

DATE

PLACES TO VISIT

_____
_____
_____
_____
_____
_____
_____

TO DO

☐ _____
☐ _____
☐ _____
☐ _____
☐ _____
☐ _____
☐ _____

TRANSPORTATION

DEPARTURE	ARRIVAL

DEPARTURE	ARRIVAL

DEPARTURE	ARRIVAL

ACCOMMODATION

NAME _____

BOOKING _____

ADDRESS _____

_____

TEL. _____ ROOM _____

NOTES

_____
_____
_____
_____
_____
_____
_____
_____
_____

MONEY SPEND

DESTINATION

DATE

PLACES TO VISIT

_____

_____

_____

_____

_____

_____

_____

TO DO

☐ _____

☐ _____

☐ _____

☐ _____

☐ _____

☐ _____

☐ _____

TRANSPORTATION

	DEPARTURE	ARRIVAL
✈		
🚆		
🚌		
🚙		

	DEPARTURE	ARRIVAL
✈		
🚆		
🚌		
🚙		

	DEPARTURE	ARRIVAL
✈		
🚆		
🚌		
🚙		

ACCOMMODATION

NAME _____

BOOKING _____

ADDRESS _____

_____

TEL. _____ ROOM _____

NOTES

_____

_____

_____

_____

_____

_____

_____

_____

MONEY SPEND

DESTINATION

DATE

PLACES TO VISIT

_____

_____

_____

_____

_____

_____

_____

TO DO

☐ _____

☐ _____

☐ _____

☐ _____

☐ _____

☐ _____

☐ _____

TRANSPORTATION

DEPARTURE	ARRIVAL

DEPARTURE	ARRIVAL

DEPARTURE	ARRIVAL

ACCOMMODATION

NAME _____

BOOKING _____

ADDRESS _____

_____

TEL. _____ ROOM _____

NOTES

_____

_____

_____

_____

_____

_____

_____

_____

_____

MONEY SPEND

DESTINATION	DATE

PLACES TO VISIT

_____

_____

_____

_____

_____

_____

_____

TO DO

- [ ] _____
- [ ] _____
- [ ] _____
- [ ] _____
- [ ] _____
- [ ] _____
- [ ] _____

TRANSPORTATION

DEPARTURE	ARRIVAL

DEPARTURE	ARRIVAL

DEPARTURE	ARRIVAL

MONEY SPEND

ACCOMMODATION

NAME _____

BOOKING _____

ADDRESS _____

_____

TEL. _____ ROOM _____

NOTES

_____

_____

_____

_____

_____

_____

_____

_____

_____

DESTINATION

DATE

PLACES TO VISIT

_____

_____

_____

_____

_____

_____

_____

TO DO

- [ ] _____
- [ ] _____
- [ ] _____
- [ ] _____
- [ ] _____
- [ ] _____
- [ ] _____

TRANSPORTATION

DEPARTURE	ARRIVAL

DEPARTURE	ARRIVAL

DEPARTURE	ARRIVAL

ACCOMMODATION

NAME _____

BOOKING _____

ADDRESS _____

_____

TEL. _____ ROOM _____

MONEY SPEND

NOTES

_____

_____

_____

_____

_____

_____

_____

_____

DESTINATION

DATE

PLACES TO VISIT

_____
_____
_____
_____
_____
_____
_____

TO DO

- [ ] _____
- [ ] _____
- [ ] _____
- [ ] _____
- [ ] _____
- [ ] _____
- [ ] _____

TRANSPORTATION

DEPARTURE	ARRIVAL

DEPARTURE	ARRIVAL

DEPARTURE	ARRIVAL

ACCOMMODATION

NAME _____

BOOKING _____

ADDRESS _____

_____

TEL. _____ ROOM _____

MONEY SPEND

NOTES

_____
_____
_____
_____
_____
_____
_____
_____
_____
_____

DESTINATION	DATE

PLACES TO VISIT

_____

_____

_____

_____

_____

_____

_____

TO DO

- [ ] _____
- [ ] _____
- [ ] _____
- [ ] _____
- [ ] _____
- [ ] _____
- [ ] _____

TRANSPORTATION

	DEPARTURE	ARRIVAL
✈		
🚆		
🚌		
🚙		

	DEPARTURE	ARRIVAL
✈		
🚆		
🚌		
🚙		

	DEPARTURE	ARRIVAL
✈		
🚆		
🚌		
🚙		

ACCOMMODATION

NAME _____

BOOKING _____

ADDRESS _____

_____

TEL. _____ ROOM _____

NOTES

_____

_____

_____

_____

_____

_____

_____

_____

_____

_____

MONEY SPEND

DESTINATION

DATE

PLACES TO VISIT

_____

_____

_____

_____

_____

_____

_____

TO DO

☐ _____

☐ _____

☐ _____

☐ _____

☐ _____

☐ _____

☐ _____

TRANSPORTATION

DEPARTURE	ARRIVAL

DEPARTURE	ARRIVAL

DEPARTURE	ARRIVAL

ACCOMMODATION

NAME _____

BOOKING _____

ADDRESS _____

_____

TEL. _____ ROOM _____

MONEY SPEND

NOTES

DESTINATION

📍

DATE

PLACES TO VISIT

_____
_____
_____
_____
_____
_____
_____

TO DO

- ☐ _____
- ☐ _____
- ☐ _____
- ☐ _____
- ☐ _____
- ☐ _____
- ☐ _____

TRANSPORTATION

DEPARTURE	ARRIVAL

DEPARTURE	ARRIVAL

DEPARTURE	ARRIVAL

ACCOMMODATION

NAME _____

BOOKING _____

ADDRESS _____

_____

TEL. _____ ROOM _____

NOTES

_____
_____
_____
_____
_____
_____
_____
_____
_____
_____
_____

MONEY SPEND

DESTINATION

DATE

PLACES TO VISIT

_____

_____

_____

_____

_____

_____

_____

TO DO

☐ _____

☐ _____

☐ _____

☐ _____

☐ _____

☐ _____

☐ _____

TRANSPORTATION

DEPARTURE	ARRIVAL

DEPARTURE	ARRIVAL

DEPARTURE	ARRIVAL

ACCOMMODATION

NAME _____

BOOKING _____

ADDRESS _____

_____

TEL. _____ ROOM _____

NOTES

_____

_____

_____

_____

_____

_____

_____

_____

_____

MONEY SPEND

DESTINATION

DATE

PLACES TO VISIT

_____

_____

_____

_____

_____

_____

_____

TO DO

- [ ] _____
- [ ] _____
- [ ] _____
- [ ] _____
- [ ] _____
- [ ] _____
- [ ] _____

TRANSPORTATION

DEPARTURE	ARRIVAL

DEPARTURE	ARRIVAL

DEPARTURE	ARRIVAL

ACCOMMODATION

NAME _____

BOOKING _____

ADDRESS _____

_____

TEL. _____ ROOM _____

NOTES

_____

_____

_____

_____

_____

_____

_____

_____

MONEY SPEND

DESTINATION

DATE

PLACES TO VISIT

_____
_____
_____
_____
_____
_____
_____

TO DO

- ☐ _____
- ☐ _____
- ☐ _____
- ☐ _____
- ☐ _____
- ☐ _____
- ☐ _____

TRANSPORTATION

DEPARTURE	ARRIVAL

DEPARTURE	ARRIVAL

DEPARTURE	ARRIVAL

ACCOMMODATION

NAME _____

BOOKING _____

ADDRESS _____

_____

TEL. _____ ROOM _____

NOTES

_____
_____
_____
_____
_____
_____
_____
_____
_____
_____

MONEY SPEND

DESTINATION

DATE

PLACES TO VISIT

_____
_____
_____
_____
_____
_____
_____

TO DO

☐ _____
☐ _____
☐ _____
☐ _____
☐ _____
☐ _____
☐ _____

TRANSPORTATION

DEPARTURE	ARRIVAL

DEPARTURE	ARRIVAL

DEPARTURE	ARRIVAL

ACCOMMODATION

NAME

BOOKING

ADDRESS

TEL. _____ ROOM _____

NOTES

_____
_____
_____
_____
_____
_____
_____
_____
_____

MONEY SPEND

DESTINATION

DATE

PLACES TO VISIT

_____

_____

_____

_____

_____

_____

_____

TO DO

☐ _____

☐ _____

☐ _____

☐ _____

☐ _____

☐ _____

☐ _____

TRANSPORTATION

DEPARTURE | ARRIVAL

DEPARTURE | ARRIVAL

DEPARTURE | ARRIVAL

MONEY SPEND

ACCOMMODATION

NAME _____

BOOKING _____

ADDRESS _____

_____

TEL. _____ ROOM _____

NOTES

_____

_____

_____

_____

_____

_____

_____

_____

_____

DESTINATION	DATE

PLACES TO VISIT

_____

_____

_____

_____

_____

_____

_____

_____

TO DO

☐ _____

☐ _____

☐ _____

☐ _____

☐ _____

☐ _____

☐ _____

TRANSPORTATION

DEPARTURE	ARRIVAL

DEPARTURE	ARRIVAL

DEPARTURE	ARRIVAL

MONEY SPEND

ACCOMMODATION

NAME _____

BOOKING _____

ADDRESS _____

_____

TEL. _____ ROOM _____

NOTES

_____

_____

_____

_____

_____

_____

_____

_____

_____

DESTINATION

DATE

PLACES TO VISIT

TO DO

- [ ]
- [ ]
- [ ]
- [ ]
- [ ]
- [ ]
- [ ]

TRANSPORTATION

	DEPARTURE	ARRIVAL
✈		
🚆		
🚌		
🚗		

	DEPARTURE	ARRIVAL
✈		
🚆		
🚌		
🚗		

	DEPARTURE	ARRIVAL
✈		
🚆		
🚌		
🚗		

MONEY SPEND

ACCOMMODATION

NAME

BOOKING

ADDRESS

TEL. ROOM

NOTES

DESTINATION

DATE

PLACES TO VISIT

_____

_____

_____

_____

_____

_____

_____

TO DO

- [ ] _____
- [ ] _____
- [ ] _____
- [ ] _____
- [ ] _____
- [ ] _____
- [ ] _____

TRANSPORTATION

DEPARTURE	ARRIVAL

DEPARTURE	ARRIVAL

DEPARTURE	ARRIVAL

MONEY SPEND

ACCOMMODATION

NAME _____

BOOKING _____

ADDRESS _____

_____

TEL. _____ ROOM _____

NOTES

_____

_____

_____

_____

_____

_____

_____

_____

DESTINATION

DATE

PLACES TO VISIT

_____
_____
_____
_____
_____
_____
_____

TO DO

☐ _____
☐ _____
☐ _____
☐ _____
☐ _____
☐ _____
☐ _____

TRANSPORTATION

DEPARTURE	ARRIVAL

DEPARTURE	ARRIVAL

DEPARTURE	ARRIVAL

ACCOMMODATION

NAME _____

BOOKING _____

ADDRESS _____

_____

TEL. _____ ROOM _____

NOTES

_____
_____
_____
_____
_____
_____
_____
_____
_____

MONEY SPEND

DESTINATION

DATE

PLACES TO VISIT

TO DO

- [ ]
- [ ]
- [ ]
- [ ]
- [ ]
- [ ]
- [ ]

TRANSPORTATION

	DEPARTURE	ARRIVAL

	DEPARTURE	ARRIVAL

	DEPARTURE	ARRIVAL

MONEY SPEND

ACCOMMODATION

NAME

BOOKING

ADDRESS

TEL. ROOM

NOTES

DESTINATION	DATE

PLACES TO VISIT

_____

_____

_____

_____

_____

_____

TO DO

☐ _____

☐ _____

☐ _____

☐ _____

☐ _____

☐ _____

☐ _____

TRANSPORTATION

DEPARTURE	ARRIVAL

DEPARTURE	ARRIVAL

DEPARTURE	ARRIVAL

MONEY SPEND

ACCOMMODATION

NAME _____

BOOKING _____

ADDRESS _____

_____

TEL. _____ ROOM _____

NOTES

_____

_____

_____

_____

_____

_____

_____

_____

_____

DESTINATION

DATE

PLACES TO VISIT

_____
_____
_____
_____
_____
_____
_____

TO DO

- [ ] _____
- [ ] _____
- [ ] _____
- [ ] _____
- [ ] _____
- [ ] _____
- [ ] _____

TRANSPORTATION

DEPARTURE	ARRIVAL

DEPARTURE	ARRIVAL

DEPARTURE	ARRIVAL

ACCOMMODATION

NAME _____

BOOKING _____

ADDRESS _____

_____

TEL. _____ ROOM _____

NOTES

_____
_____
_____
_____
_____
_____
_____
_____
_____

MONEY SPEND

DESTINATION	DATE

PLACES TO VISIT

TO DO

- [ ]
- [ ]
- [ ]
- [ ]
- [ ]
- [ ]
- [ ]

TRANSPORTATION

DEPARTURE	ARRIVAL

DEPARTURE	ARRIVAL

DEPARTURE	ARRIVAL

ACCOMMODATION

NAME

BOOKING

ADDRESS

TEL. _____ ROOM _____

NOTES

MONEY SPEND

DESTINATION

DATE

PLACES TO VISIT

_____

_____

_____

_____

_____

_____

_____

TO DO

- [ ] _____
- [ ] _____
- [ ] _____
- [ ] _____
- [ ] _____
- [ ] _____
- [ ] _____

TRANSPORTATION

DEPARTURE	ARRIVAL

DEPARTURE	ARRIVAL

DEPARTURE	ARRIVAL

ACCOMMODATION

NAME _____

BOOKING _____

ADDRESS _____

_____

TEL. _____ ROOM _____

MONEY SPEND

NOTES

_____

_____

_____

_____

_____

_____

_____

_____

_____

DESTINATION

DATE

PLACES TO VISIT

TO DO

- ☐ _____
- ☐ _____
- ☐ _____
- ☐ _____
- ☐ _____
- ☐ _____
- ☐ _____

TRANSPORTATION

DEPARTURE	ARRIVAL

DEPARTURE	ARRIVAL

DEPARTURE	ARRIVAL

ACCOMMODATION

NAME _____

BOOKING _____

ADDRESS _____

_____

TEL. _____ ROOM _____

NOTES

MONEY SPEND

DESTINATION		DATE

PLACES TO VISIT

_____

_____

_____

_____

_____

_____

_____

TO DO

☐ _____

☐ _____

☐ _____

☐ _____

☐ _____

☐ _____

☐ _____

TRANSPORTATION

✈ DEPARTURE | ARRIVAL

🚆

🚌

🚗

✈ DEPARTURE | ARRIVAL

🚆

🚌

🚗

✈ DEPARTURE | ARRIVAL

🚆

🚌

🚗

ACCOMMODATION

NAME _____

BOOKING _____

ADDRESS _____

_____

TEL. _____ ROOM _____

NOTES

_____

_____

_____

_____

_____

_____

_____

_____

_____

MONEY SPEND

DESTINATION	DATE

PLACES TO VISIT

_____
_____
_____
_____
_____
_____
_____

TO DO

☐ _____
☐ _____
☐ _____
☐ _____
☐ _____
☐ _____
☐ _____

TRANSPORTATION

DEPARTURE	ARRIVAL

DEPARTURE	ARRIVAL

DEPARTURE	ARRIVAL

ACCOMMODATION

NAME _____

BOOKING _____

ADDRESS _____

_____

TEL. _____ ROOM _____

NOTES

_____
_____
_____
_____
_____
_____
_____
_____

MONEY SPEND

DESTINATION

DATE

PLACES TO VISIT

_____
_____
_____
_____
_____
_____
_____

TO DO

- ☐ _____
- ☐ _____
- ☐ _____
- ☐ _____
- ☐ _____
- ☐ _____
- ☐ _____

TRANSPORTATION

DEPARTURE	ARRIVAL

DEPARTURE	ARRIVAL

DEPARTURE	ARRIVAL

ACCOMMODATION

NAME _____

BOOKING _____

ADDRESS _____

_____

TEL. _____ ROOM _____

NOTES

_____
_____
_____
_____
_____
_____
_____
_____
_____

MONEY SPEND

DESTINATION

DATE

PLACES TO VISIT

TO DO

- [ ]
- [ ]
- [ ]
- [ ]
- [ ]
- [ ]
- [ ]

TRANSPORTATION

	DEPARTURE	ARRIVAL
✈		
🚆		
🚌		
🚗		

	DEPARTURE	ARRIVAL
✈		
🚆		
🚌		
🚗		

	DEPARTURE	ARRIVAL
✈		
🚆		
🚌		
🚗		

ACCOMMODATION

NAME

BOOKING

ADDRESS

TEL. _____ ROOM _____

NOTES

MONEY SPEND

DESTINATION

DATE

PLACES TO VISIT

_____

_____

_____

_____

_____

_____

_____

TO DO

- [ ] _____
- [ ] _____
- [ ] _____
- [ ] _____
- [ ] _____
- [ ] _____
- [ ] _____

TRANSPORTATION

DEPARTURE	ARRIVAL

DEPARTURE	ARRIVAL

DEPARTURE	ARRIVAL

ACCOMMODATION

NAME _____

BOOKING _____

ADDRESS _____

_____

TEL. _____ ROOM _____

NOTES

_____

_____

_____

_____

_____

_____

_____

_____

MONEY SPEND

DESTINATION	DATE

PLACES TO VISIT

_____
_____
_____
_____
_____
_____
_____

TO DO

☐ _____
☐ _____
☐ _____
☐ _____
☐ _____
☐ _____
☐ _____

TRANSPORTATION

DEPARTURE	ARRIVAL

DEPARTURE	ARRIVAL

DEPARTURE	ARRIVAL

ACCOMMODATION

NAME _____

BOOKING _____

ADDRESS _____

_____

TEL. _____ ROOM _____

NOTES

_____
_____
_____
_____
_____
_____
_____
_____
_____

MONEY SPEND

DESTINATION

DATE

PLACES TO VISIT

TO DO

- [ ]
- [ ]
- [ ]
- [ ]
- [ ]
- [ ]
- [ ]

TRANSPORTATION

	DEPARTURE	ARRIVAL
✈		
🚆		
🚌		
🚗		

	DEPARTURE	ARRIVAL
✈		
🚆		
🚌		
🚗		

	DEPARTURE	ARRIVAL
✈		
🚆		
🚌		
🚗		

ACCOMMODATION

NAME

BOOKING

ADDRESS

TEL. _____ ROOM _____

NOTES

MONEY SPEND

DESTINATION

DATE

PLACES TO VISIT

TO DO

- [ ]
- [ ]
- [ ]
- [ ]
- [ ]
- [ ]
- [ ]

TRANSPORTATION

DEPARTURE	ARRIVAL

DEPARTURE	ARRIVAL

DEPARTURE	ARRIVAL

ACCOMMODATION

NAME

BOOKING

ADDRESS

TEL. _____ ROOM _____

NOTES

MONEY SPEND

DESTINATION	DATE

PLACES TO VISIT

_____

_____

_____

_____

_____

_____

_____

TO DO

☐ _____

☐ _____

☐ _____

☐ _____

☐ _____

☐ _____

☐ _____

TRANSPORTATION

DEPARTURE	ARRIVAL

DEPARTURE	ARRIVAL

DEPARTURE	ARRIVAL

MONEY SPEND

ACCOMMODATION

NAME _____

BOOKING _____

ADDRESS _____

_____

TEL. _____ ROOM _____

NOTES

_____

_____

_____

_____

_____

_____

_____

_____

_____

DESTINATION

DATE

PLACES TO VISIT

TO DO

- [ ]
- [ ]
- [ ]
- [ ]
- [ ]
- [ ]
- [ ]

TRANSPORTATION

DEPARTURE	ARRIVAL

DEPARTURE	ARRIVAL

DEPARTURE	ARRIVAL

ACCOMMODATION

NAME

BOOKING

ADDRESS

TEL. _____ ROOM _____

NOTES

MONEY SPEND

DESTINATION

DATE

PLACES TO VISIT

_____

_____

_____

_____

_____

_____

_____

TO DO

- [ ] _____
- [ ] _____
- [ ] _____
- [ ] _____
- [ ] _____
- [ ] _____
- [ ] _____

TRANSPORTATION

DEPARTURE	ARRIVAL
✈	
🚆	
🚌	
🚐	

DEPARTURE	ARRIVAL
✈	
🚆	
🚌	
🚐	

DEPARTURE	ARRIVAL
✈	
🚆	
🚌	
🚐	

ACCOMMODATION

NAME _____

BOOKING _____

ADDRESS _____

_____

TEL. _____ ROOM _____

NOTES

_____

_____

_____

_____

_____

_____

_____

_____

_____

MONEY SPEND

DESTINATION

DATE

PLACES TO VISIT

_____
_____
_____
_____
_____
_____
_____

TO DO

- [ ] _____
- [ ] _____
- [ ] _____
- [ ] _____
- [ ] _____
- [ ] _____
- [ ] _____

TRANSPORTATION

	DEPARTURE	ARRIVAL

	DEPARTURE	ARRIVAL

	DEPARTURE	ARRIVAL

ACCOMMODATION

NAME _____

BOOKING _____

ADDRESS _____

_____

TEL. _____ ROOM _____

NOTES

_____
_____
_____
_____
_____
_____
_____
_____
_____

MONEY SPEND

DESTINATION

DATE

PLACES TO VISIT

TO DO

- [ ]
- [ ]
- [ ]
- [ ]
- [ ]
- [ ]
- [ ]

TRANSPORTATION

	DEPARTURE	ARRIVAL

ACCOMMODATION

NAME

BOOKING

ADDRESS

TEL. _____ ROOM _____

	DEPARTURE	ARRIVAL

NOTES

	DEPARTURE	ARRIVAL

MONEY SPEND

DESTINATION

DATE

PLACES TO VISIT

_____

_____

_____

_____

_____

_____

_____

TO DO

☐ _____

☐ _____

☐ _____

☐ _____

☐ _____

☐ _____

☐ _____

TRANSPORTATION

DEPARTURE	ARRIVAL

DEPARTURE	ARRIVAL

DEPARTURE	ARRIVAL

MONEY SPEND

ACCOMMODATION

NAME _____

BOOKING _____

ADDRESS _____

_____

TEL. _____ ROOM _____

NOTES

_____

_____

_____

_____

_____

_____

_____

_____

_____

DESTINATION

DATE

PLACES TO VISIT

_____
_____
_____
_____
_____
_____
_____

TO DO

☐ _____
☐ _____
☐ _____
☐ _____
☐ _____
☐ _____
☐ _____

TRANSPORTATION

	DEPARTURE	ARRIVAL
✈		
🚆		
🚌		
🚗		

	DEPARTURE	ARRIVAL
✈		
🚆		
🚌		
🚗		

	DEPARTURE	ARRIVAL
✈		
🚆		
🚌		
🚗		

ACCOMMODATION

NAME _____

BOOKING _____

ADDRESS _____

_____

TEL. _____ ROOM _____

MONEY SPEND

NOTES

_____
_____
_____
_____
_____
_____
_____
_____
_____
_____

DESTINATION	DATE

PLACES TO VISIT

TO DO

- [ ]
- [ ]
- [ ]
- [ ]
- [ ]
- [ ]
- [ ]

TRANSPORTATION

DEPARTURE	ARRIVAL

DEPARTURE	ARRIVAL

DEPARTURE	ARRIVAL

ACCOMMODATION

NAME

BOOKING

ADDRESS

TEL. _____ ROOM _____

NOTES

MONEY SPEND

DESTINATION

DATE

PLACES TO VISIT

_____

_____

_____

_____

_____

_____

_____

TO DO

☐ _____

☐ _____

☐ _____

☐ _____

☐ _____

☐ _____

☐ _____

TRANSPORTATION

DEPARTURE	ARRIVAL

DEPARTURE	ARRIVAL

DEPARTURE	ARRIVAL

ACCOMMODATION

NAME _____

BOOKING _____

ADDRESS _____

_____

TEL. _____ ROOM _____

NOTES

_____

_____

_____

_____

_____

_____

_____

_____

_____

_____

MONEY SPEND

DESTINATION	DATE

PLACES TO VISIT

TO DO

- [ ]
- [ ]
- [ ]
- [ ]
- [ ]
- [ ]
- [ ]

TRANSPORTATION

DEPARTURE	ARRIVAL

DEPARTURE	ARRIVAL

DEPARTURE	ARRIVAL

MONEY SPEND

ACCOMMODATION

NAME

BOOKING

ADDRESS

TEL. _____ ROOM _____

NOTES

DESTINATION	DATE

PLACES TO VISIT

_____

_____

_____

_____

_____

_____

_____

TO DO

- [ ] _____
- [ ] _____
- [ ] _____
- [ ] _____
- [ ] _____
- [ ] _____
- [ ] _____

TRANSPORTATION

DEPARTURE	ARRIVAL

DEPARTURE	ARRIVAL

DEPARTURE	ARRIVAL

ACCOMMODATION

NAME _____

BOOKING _____

ADDRESS _____

_____

TEL. _____ ROOM _____

NOTES

_____

_____

_____

_____

_____

_____

_____

_____

_____

MONEY SPEND

DESTINATION	DATE

PLACES TO VISIT

_____

_____

_____

_____

_____

_____

_____

TO DO

☐ _____

☐ _____

☐ _____

☐ _____

☐ _____

☐ _____

☐ _____

TRANSPORTATION

DEPARTURE	ARRIVAL

DEPARTURE	ARRIVAL

DEPARTURE	ARRIVAL

ACCOMMODATION

NAME _____

BOOKING _____

ADDRESS _____

_____

TEL. _____ ROOM _____

NOTES

_____

_____

_____

_____

_____

_____

_____

_____

MONEY SPEND

DESTINATION

DATE

PLACES TO VISIT

_____
_____
_____
_____
_____
_____
_____

TO DO

- [ ] _____
- [ ] _____
- [ ] _____
- [ ] _____
- [ ] _____
- [ ] _____
- [ ] _____

TRANSPORTATION

DEPARTURE	ARRIVAL

DEPARTURE	ARRIVAL

DEPARTURE	ARRIVAL

MONEY SPEND

ACCOMMODATION

NAME _____

BOOKING _____

ADDRESS _____

_____

TEL. _____ ROOM _____

NOTES

_____
_____
_____
_____
_____
_____
_____
_____
_____

DESTINATION

DATE

PLACES TO VISIT

_____

_____

_____

_____

_____

_____

_____

TO DO

☐ _____

☐ _____

☐ _____

☐ _____

☐ _____

☐ _____

☐ _____

TRANSPORTATION

DEPARTURE	ARRIVAL

DEPARTURE	ARRIVAL

DEPARTURE	ARRIVAL

MONEY SPEND

ACCOMMODATION

NAME _____

BOOKING _____

ADDRESS _____

_____

TEL. _____ ROOM _____

NOTES

_____

_____

_____

_____

_____

_____

_____

_____

_____

Made in the USA
Monee, IL
12 April 2021